HOW TO
青春期实验室

HOW TO?

如何跟爸爸妈妈沟通

朱雀为夏——著

中国妇女出版社

图书在版编目（CIP）数据

如何跟爸爸妈妈沟通 / 朱雀为夏著. -- 北京：中国妇女出版社，2022.9
（how to青春期实验室）
ISBN 978-7-5127-2144-9

Ⅰ. ①如… Ⅱ. ①朱… Ⅲ. ①亲子关系－青少年读物
Ⅳ. ①C913.11-49

中国版本图书馆CIP数据核字（2022）第116757号

责任编辑：陈经慧
封面设计：末末美书
责任印制：李志国

出版发行：中国妇女出版社
地　　址：北京市东城区史家胡同甲24号　　邮政编码：100010
电　　话：（010）65133160（发行部）　　65133161（邮购）
邮　　箱：zgfncbs@womenbooks.cn
法律顾问：北京市道可特律师事务所
经　　销：各地新华书店
印　　刷：北京通州皇家印刷厂

开　　本：145mm×210mm　1/32
印　　张：4.625
字　　数：88千字
版　　次：2022年9月第1版　　2022年9月第1次印刷
定　　价：36.00元

目录

CONTENTS

Chapter 3
我爱你们，我的不完美父母

Chapter 4
我的心事也想和你说

Chapter 5
越亲密越需要沟通力

Chapter 1

关于信任感的那些事儿

爸爸妈妈不信任我的自理能力怎么办？

你穿脏的衣服收拾好了吗？明天周末，你记得带回来。

不用了，我自己都洗过了。

你不会是拿香皂随便搓了两下吧？那肯定没洗干净，周末带回来，我再给你洗洗。

……

朱雀姐姐：

我的家人总是不信任我的生活自理能力。我妈妈总觉得我什么都不会，我爸爸甚至觉得我一个人出门会被骗走。我该怎么让他们相信我具备自理能力呢？

回想一下，你身边有没有自理能力很强的朋友，你是通过什么事情判断出一个人的自理能力很强呢？下面的选项中，请在符合的原因后面打“√”。

1. 他告诉你，他的自理能力很强。□

2. 他平时经常一个人坐公交车。□

3. 去他家做客时，发现他把自己的卧室整理得井井有条。□

4. 他细致地规划了全家的旅游行程。□

5. 他平时经常帮助同学解决生活中遇到的烦恼与困扰。□

6. 他对自己的零花钱有合理的规划。□

7. 他会修自行车。□

8. 他周末会做饭给家人吃。□

9. 他能够合理地安排自己的学习、娱乐、休息时间。□

10. 他知道去医院该如何挂号。□

在上面这些原因中，是不是第一条最难以让我们确定一个人有自理能力？所以，当我们想向家长证明自己有自理能力时，不能光凭一己之言，而应通过实际行动让他们看到你真的具有自理能力。也就是通过“有自理能力的行为”，让他们眼见为实。

除了上面写的那些行为，你还可以通过其他事情证明自己。比如，能够熟练地整理衣柜；能够熟练地更换床上用品；能够熟练地清洗衣物与鞋子（包含内衣与内裤）；能够独自去菜市场帮家里选购蔬菜水果；有陌生人请求帮忙时，不跟陌生人去隐蔽的地方；能够对小伤口进行消毒以及其他处理；等等。

试一试

发挥你的智慧，在横线上补充其他能体现自理能力的行为吧！

爸爸妈妈总对我过度保护怎么办？

我不和朋友逛街了，你爸爸要加班，没人给你做饭。

妈，您放心吧，我都多大了呀，而且我不会做饭还不会叫外卖吗？没事的。

不行，你一个人在家拿外卖多危险！你一个人在家我真不放心！

朱雀姐姐：

我妈总是对我保护过度。我马上都要上高中了，她还经常去学校接我放学；在家的时候，我使用燃气灶，她也一惊一乍，生怕我有危险。我该怎么办呢？

父母对我们的呵护之心，经常会让他们觉得我们无法照顾好自己，即便我们想向他们展示我们的自理能力，也会出现下面这样的情况：

“我也想一个人坐公交车上下学呀，可我爸妈不放心！”

“我也想学做饭呀，可他们怕我被烫伤。”

“我也想一个人去超市，帮家人购买生活用品，但他们不放心我。”

……

的确，有时候，家长出于对孩子的安全着想，会比较小心谨慎，出现过度保护的行为。对于这种情况，我们可以试试下面的方法。

▪ 从安全系数高的“展现自理能力的行为”做起

比如，家长担心你做饭会被烫伤，你可以帮家长择菜；家长不放心你一个人去超市采购，你可以留意家旦所需要添置的物品，帮家人写好购物清单；家长不放心你一个人坐公交车，你可以在和家人一起乘坐公共交通工具或旅行时，主动承担购买车票和门票、安排旅游行程等事务。

如果想避免被父母过度保护，从这些安全系数高的“展现自我能力的行为”做起，等他们逐渐相信我们具备自理能力时，再和他们沟通去尝试其他的事情。用实际行动告诉他们，很多事情我们可以胜任，相信他们慢慢就会放手！

▪ 采取让家人旁观的方式

我们还可以采取让家人旁观的方式，展示我们的自理能力。

比如，家人不放心你一个人坐地铁，你可以和他们沟通：“我知道你们担心我一个人不安全，我们可以先尝试一下这种方法，你们还是和我一起上地铁，但你们在不远处观望即可，就假装我是一个人坐地铁，像买票、找座位、上下车、出地铁等，都由我独立完成。你们看这样好吗？”

再比如，家长觉得你不会买菜，你可以和他们沟通：“我之前只是看过你们怎么买菜，自己的确不太会，但下次我会认真地观察和学习，等时机成熟的时候希望你们能给我一些机会，我去挑菜、砍价，让我也学学‘货比三家’，你们看怎么样？”

通过沟通，相信爸爸妈妈一定愿意为我们提供成长的机会。

▪ 让家长教我们做选择

如果家长总是不放心我们，想代替我们做选择，我们可以这样和家长沟通：

“我知道你们想让我一生顺遂，但我需要去锻炼我的‘失望肌肉’，所以希望你们可以在小事上给我一些尝试和犯错的空间，让我能够在错误中成长，并成为一个敢于承担错误、富有责任感的人。”

“我需要学会自己做选择，也需要学会为自己的选择负责，这样步入社会后我才能处理好人生的坎坎坷坷。所以，我希望你们可以教我如何去分析利弊，而不仅仅是帮我做选择。”

爸爸妈妈没有履行承诺怎么办？

等你考上XX高中，妈妈奖励你一台新电脑！

好！我肯定能考上！

（考上××高中后）
妈，咱们什么时候去买电脑呀？

高中三年是最关键的时期，我和你爸商量了一下，决定等你上大学后再给你买电脑。

朱雀姐姐:

我现在心里好难过。在中考前，我妈答应我，只要我考上 ×× 高中，就给我买新电脑。可是等我考上了，她却说等到大学再给我买。

这已经不是第一次了，之前她答应过我很多事，也总是不信守承诺。我该怎么办呢?

▪ 观察了解父母为何没有履行承诺

当父母违背承诺时，我们要去观察和了解一下父母没有履行承诺的原因。因为虽然都是失信，但失信的原因不同，解决问题的方法也不同。

问题产生的原因往往是解决问题的关键。比如，如果只是他们忘记了，我们只需要提醒他们一下即可，毕竟父母也有很多工作和生活中的琐事需要处理，忘记一些事情在所难免。

▪ 因为不可抗力无法履约

比如，家人答应你周末一起去游乐场玩，但是天不遂人愿，下起了大雨，这时与其对爸爸妈妈发脾气，不如主动和他们进行沟通，寻求解决办法。

当爸爸妈妈和我们的意见不一致时，我们可以和他们各写出（或说出）三个代替游乐场之行的方案。大家根据这些方案进行探讨，并选出一个可行性方案。

▪ 因为不看重承诺

如果爸爸妈妈因为想让我们达到他们的某个期望，而做出了一个他们难以做到或者不愿意兑现的承诺，我们可以尝试用下面的方法和他们沟通。

首先，我们可以表达对父母的信任。例如，可以这样对父母说："我知道这件事让你们比较为难，所以，当你们许下这个承诺时，我真的很开心。我非常相信你们，虽然觉得这是一件会让你们为难的事情，但你们既然许下了承诺，就一定不会食言。"

其次，可以让父母了解我们此时的心情。如果他们依然不想兑现承诺，可以把我们内心的感受告诉他们。例如，可以这样对父母说："与没有考上 ×× 高中（或他们当时希望你做到的其他事情）相比，失去对家人的信任，更让我觉得难过。或许你们觉得这是一件小事，但对我来说，失去对家人的信任并不是小事，而是一件足以让我又失望又痛苦的事情。所以，如果可以的话，我希望可以兑现我们之间的承诺。”

最后，帮助父母改掉轻易许诺的习惯。不仅是父母，生活中很多人都因为轻易许诺而导致食言。这是一个很不好的习惯，不仅会降低自己的信用值，还会给他人带来伤害。当父母轻易许诺而无法履约时，我们可以告诉他们，盲目许诺是一件很不好的事情。例如，可以这样对父母说:“我相信你们现在无法兑现对我的承诺心里肯定很难受，所以不要再轻易许下无法兑现的承诺。对于许下的承诺，要认真对待，尽力而为。因为我希望你们永远是值得我信任的人。”

爸爸妈妈不相信我说的话怎么办？

起床啦！

我好困，让我再睡一会儿。

你昨晚是不是又偷偷玩手机了？

我没有，我就是困！

什么没有，没偷玩手机能起不来吗？

朱雀姐姐：

无论我说什么，无论我怎么解释，家人总是不信任我，觉得我就是在找借口。我该怎么办呢？

▪ 避免降低信任值的行为

人与人之间的信任往往是通过一件件小事建立起来的，也会因为一件件小事而崩塌。比如，有的人经常撒谎欺骗对方，时间久了，别人就会对他失去信任。

像这样的情况，我们就不要指责对方为什么不信任我们，而是需要通过行动重建彼此之间的信任。

▪ 增加我们的信任值

有的时候，父母不相信我们说的话，是因为他们把我们认定为“不靠谱的小孩子”。为了让他们看到我们可靠的一面，我们可以展示增加信任值的行为。

例如：

1. 做到言而有信。

2. 做事有时间观念。

3. 做事认真细致。

4. 可以与他人进行良好的沟通。

5. 做事富有责任感。

6. 有较强的自理能力。

7. ______________________________

8. ______________________________

可以在横线上补充你的其他想法。

▪ 无关信任感的“不信任”

有的时候，彼此对一件事情的认知不同，也可能会让我们产生“他是不是不信任我”的感觉。像这样的“不信任”，只是因为大家对于一件事的认知不同而已。我们可以和家人进行观点上的探讨，如果家人难以改变想法，我们也可以不去探讨。

总之，如果和信任感无关，就无须为所谓的“不被信任”而难过。

Chapter 2

你们会永远爱我吗？

想让爸爸妈妈更爱我怎么办？

爸爸，这个地方好有意思呀！下次咱们一起去玩！

好的，还有别的事吗？

没事，就是和你聊两句。

没事就挂了吧，你们也该就寝了。

朱雀姐姐：

我爸平时对我挺好的，但我总觉得我们之间不像我和妈妈那样亲近。比如，我们打电话，他顶多和我聊一聊晚上吃了什么，生活费够不够，就挂电话了。我觉得他好像不太爱我，我该怎么让他更爱我呢？

爱是一种能力，许多父母心里很爱自己的孩子，却不懂得如何去爱。这个时候，就需要我们身体力行地去影响他们，唤醒他们心中爱的能力！

▪ 理解他们的脆弱

父母是孩子的保护者，而“保护者”这个角色，很容易让人忽视他们身上的脆弱。所以，我们往往会忘记，父母也和我们一样，是有烦恼、有忧愁、有委屈、有痛苦的普通人。他们也想被爱，也希望得到他人的理解，尤其是一些无法向外人倾诉的苦闷，会更想被自己亲近的人理解。

要想多理解父母，我们可以这样做：

1. 在乎父母的情绪，留心观察父母的情绪。

2. 邀请父母分享心情，例如，可以问问妈妈：“老妈，你最近工作压力是不是很大？”

3. 认可父母的情绪，例如，可以这样说：“你肯定觉得很难受吧！”

4. 在父母情绪低落时，做些力所能及的事情，例如，给他们泡一杯热茶。

5. ______________________________

如果还有其他想法，可以补充在上面的横线上。

情绪的理解是相互的，当我们能看到父母的情绪，让他们体验到被理解的感受，他们也会慢慢地看到我们的情绪，理解我们的感受。

▪ 拥抱他们

小时候，我们经常在父母怀里撒娇，但长大后或许因为不好意思，与父母的亲密接触逐渐减少。其实，肢体上的接触是拉近心与心的距离必不可少的部分。

我们平时可以这样做：

1. 逛街时拉住父母的手。

2. 看到有趣的视频，和父母坐在一起，与他们分享视频。

3. 在父母情绪低落时，揽住他们的肩膀。

4. 每天出门或回家时，拥抱一下父母。

5. ______________________________

如果还有其他想法，可以补充在上面的横线上。

如果之前没有这些亲子互动，开始时他们可能会因为不习惯而尴尬，但是逐渐习惯后，你们心与心的距离会越来越近哦！

▪ “无手机时间”

每周和父母约定一个“无手机时间”。在这段时间里，我们与父母都放下手机，一起做些有趣的事情吧！

在这段家庭亲密时间里，我们可以：

1. 一起看一部电影。

2. 一起看画展。

3. 一起喝下午茶。

4. 一起去郊游。

5. 一起去做陶艺。

6. 一起放风筝。

7. 彼此分享这周看过的书。

8. ______________________________

9. ______________________________

10.____

如果还有其他想法，可以补充在上面的横线上。

我们可以在“无手机时间”把手机调成飞行模式，或者关机。

爸爸妈妈总拿我和别人做比较，是不是不爱我？

你小胡哥哥考上清华大学了。

真厉害！

他从小就让人省心，不用爸妈管，自己就知道学习，而且还从来不和他爸妈吵架。

他这么好，你让他当你儿子呀！

你这孩子，就会顶嘴！怎么不知道跟人家学一学呢！

朱雀姐姐：

在我爸妈眼里，只要是别人家的孩子都比我好，总是夸人家比我听话、比我用功。我现在怀疑他们是不是特别不喜欢我，觉得我哪里都不好。

爱还是不爱

父母拿别的孩子和我们做比较时，往往不是出于爱或者不爱，而是出于给我们“立个榜样”，希望我们在某些方面有所提高。当然，这是一种错误的教育方法。

父母拿自己的孩子与别人家的孩子做比较，是一件很不好的事情。因为当父母拿我们和他人做比较时，会让我们觉得“是不是我在你们眼里不如他好”“是不是在你们心里我很糟糕”“你们是不是觉得我一无是处”“你们是不是很讨厌我”……

如何应对父母拿我们和别人家的孩子做比较

当父母拿我们和别人家的孩子做比较时，我们千万不要用“拿自己的父母和别人家父母做比较”的方式来回应。比如，这样对父母说:“别人的爸妈还 ×× 呢。”因为这样互相伤害，只会让彼此的隔阂越来越深，会对亲子关系造成破坏。

所以，当发现父母在拿我们和别人家的孩子做比较时，我们一定要提醒自己，千万不要模仿他们的行为，这会对亲密的人造成伤害，并尽量帮助父母也意识到这一点。比如，我们可以告诉父母:“我知道你们心里很爱我，拿我和他做比较，是希望我可以在 ×× 方面有所提高，但是拿我和其他人做比较，会让我心里特别难受，也会让我觉得你们很讨厌我。所以，如果可以，希望以后你们直接告诉我哪些地方需要提高，而不要拿我和其他人做比较。”

爸爸妈妈会被妹妹抢走吗？

爸爸，你知道我的水杯在哪里吗？

你自己找找吧，我和你妈这会儿要给妹妹洗澡。

好吧……

朱雀姐姐：

自从有了妹妹以后，我觉得爸妈没有以前那么在乎我了。平时放学回家，有时候家里没人，打电话一问，结果他们带着妹妹出去玩了。周末他们也不带我出去玩。

我感觉我在家里快要变成隐形人了。虽然我也很喜欢妹妹，但我现在担心她会抢走爸爸妈妈，这样以后爸爸妈妈就不爱我了。我该怎么办？

▪ 占据更多精力≠爸妈被抢走

当弟弟妹妹还小时，父母会花费更多的精力照顾他们，但这并不代表他们会被弟弟妹妹抢走。

其一，爸爸妈妈在我们小时候也像现在对待弟弟妹妹一样，付出了很多精力。现在弟弟妹妹还无法照顾自己，所以需要养育者投入更多的精力去照顾他们。

其二，爸爸妈妈虽然精力有限，但他们对我们的爱是无限的。

▪ 弟弟妹妹是竞争者还是亲人

当我们担心弟弟妹妹会抢走父母的爱时，往往是将他们当成了竞争者。

事实上，兄弟姐妹并不是我们的竞争者，而是在未来漫长岁月里和我们极为亲密的人。并且，这种亲密是难以被争吵和岁月所湮灭的。无论我们曾经多讨厌他们，无论我们觉得自己有多少朋友可以信赖，事实上，大多数兄弟姐妹之间的相互依靠与相互扶持都是远胜于朋友的。关系越是良好的兄弟姐妹越是如此。

所以，有了兄弟姐妹，我们拥有的爱不会变少，而是在这偌大的人世间，多了一个与我们相亲相爱的人。

▪ 和父母说出我们的感受

爱，不代表完全理解对方的感受。所以，哪怕再亲密的人，我们都需要和对方去沟通，而不是抱着“你们怎么这么不懂我”“既然爱我，为什么不懂我的感受”“我不说，你们就想不到吗”的想法，让别人猜我们的心思。比如，父母拿我们和兄弟姐妹做比较时，相比自己生闷气，不如告诉父母：“刚刚你们说妹妹比我学得快，我觉得很难过，因为这样让我觉得在你们心里我很差劲，你们不喜欢我。下次如果你们觉得我哪里做得不好，或者希望我怎样做，直接告诉我就可以，尽量不要拿妹妹和我做比较。”

害怕爸爸妈妈对我失望怎么办？

这次演讲表现得怎么样？

挺好的。

同学给你拍视频了吗？快发给我看看！

没有拍。

好可惜呀，我还想欣赏欣赏你的表现呢！

朱雀姐姐：

前几天我参加学校组织的演讲比赛，结果我表现得很不好。我心里挺难受的，本想和妈妈聊一聊这件事，但是我却没敢和她提，因为我好怕她会失望。而且这件事我也不好意思和我的朋友去聊，所以心里一直很难受。我该怎么办呢？

你为什么害怕父母对你失望呢？

1. 不想让他们伤心难过。

2. 怕他们无法接受你的失败。

3. 不想让他们觉得你很糟糕。

4. 你一直是他们的骄傲。

5. ______________________________

如果还有其他原因，可以补充在上面的横线上。

有时候，父母因我们而骄傲会成为我们前进的动力，可以帮助我们成为更好的自己。但如果这种想法变成压力，并让我们倍感痛苦，那就会成为我们前进的阻力。

▪ 不要低估父母的承受能力

父母的人生阅历比我们丰富，他们经历过的事情远比我们想象中的复杂，所以他们的“失望肌肉”往往比我们发达得多。如果是我们能够接受的糟糕情况，就不必担心他们了，即便他们一时会有情绪波动，也很快就会平复。

▪ 难过≠失望

当发生糟糕的事情时，人难免会产生负面情绪，但人的承受能力很强，尤其是家长在面对孩子出现的问题时，他们不仅有承受能力，还会很包容。并且，父母因为我们的失败感到难过，并不意味着他们无法接受我们的失败，他们的表现是因为心疼和担心我们。

▪ 接受现实

当我们闯祸或表现不尽如人意时，有时候会因为害怕被父母批评，或者担心他们对自己失望，而选择隐瞒，甚至撒谎。

其实，隐瞒或者撒谎并不能改变事情的结果，而且当我们决定隐瞒事情的时候，一定要明白一个道理：当谎言被拆穿，或者因为隐瞒导致事情变得不可控时，父母知道后只会受到更大的伤害。

▪ 优秀的人，不代表不会失败

当你优秀时，父母为你感到骄傲，这是人之常情。但这并不意味着他们不能接受你的失败。

父母的人生阅历丰富，他们明白，人生本就起起伏伏，再优秀的人也会面临困境。所以他们并不会因为你的失败就否认你的优秀，他们只会希望看到你在面对困境时能够咬紧牙关，逆风而上。

爸爸妈妈总是贬低我怎么办？

你家孩子都这么大啦！

光长个子了，什么都不会做。

孩子看着很机灵呀！

看着机灵有啥用，整天丢三落四的。你看，让他出门记得带钥匙，结果还是忘带了，现在进不了家门，只能等着他爸爸送钥匙。

朱雀姐姐：

我爸妈很喜欢贬低我，常常把一些话挂在嘴边。比如，一吃饭就说我在家什么都不让我做，可学习也没学好；我画画，他们说我没有画画的天赋；我唱首歌，他们说我五音不全。

在他们眼里，我好像一无是处。我该怎么办呢？

▪ 自我认可

每个人身上都有很多闪光点，所以无论他人是否认可我们，我们都要懂得认可自己。当然，想要真正拥有自信，还需要我们去挖掘自己的闪光点，厚积薄发，绽放自己的才华。

▪ 结交懂得发现你的闪光点的朋友

我们每个人都有好朋友，既然能够成为朋友，那他一定很欣赏你。

如果我们认为父母对自己不太认可，可以通过身边的朋友对我们的评价来发现自身价值，而且得到朋友的认可同样会让我们增强自信。

这里要注意的是，真正欣赏你的朋友会发现你内在的闪光点，而不会只是肤浅地看到你的外在价值。因为有时候外在价值并非我们自己本身的价值。

我们要区分清楚，通过外在得到的究竟是社交价值还是真正的认可。举个例子，我们在朋友圈晒一些好看的自拍照片，或许会带来一些社交价值，比如一些人的称赞。这种夸赞可能会暂时满足我们小小的虚荣心，但我们要明白，这只是增加了一些社交价值，并不是我们想要获得的认可。

另外，还有一些人仅仅是因为金钱、外貌、利益等外在原因而接近我们，这类人即便总是说一些奉承我们的话，对我们也不是真的欣赏。奉承你的朋友与真正欣赏你的朋友的最大区别是，那些奉承你的朋友对你说好听的话，只是为了从你身上获取好处。

▪ 和父母沟通

当父母说一些贬低的话时，我们不用和他们据理力争自己有多优秀。同样地，我们被别人贬低的时候也没必要去争论。因为很多事情每个人的评判标准不一样，争来争去，谁也无法说服谁。

这个时候，我们要做的是，告诉他们，随意贬低别人是不对的，只有鼓励和认可才能带来更多的正面效应。比如，可以这样告诉父母:“以后不要再说‘你这水平也就能考个中等’‘你哪有这个才华’‘你就是丢三落四的人’等这样的话，好吗？这会让我觉得我不是你们理想中的孩子。并且，这样的负面标签没办法让我变得更好。所以，如果我哪里做得不好，你们可以告诉我该如何提高，而不要定义我就是怎样的人。另外，如果可以的话，我希望你们平时多发掘我的闪光点，多夸夸我，得到你们的肯定和欣赏是我前进的动力。”

爸爸妈妈太忙，不关心我怎么办？

这周我和你妈都要出差，你自己在家照顾好自己。

又出差？可后天是的我生日呀！

那等我们回来给你带礼物。

是不是我不提，你们把我生日都忘了？

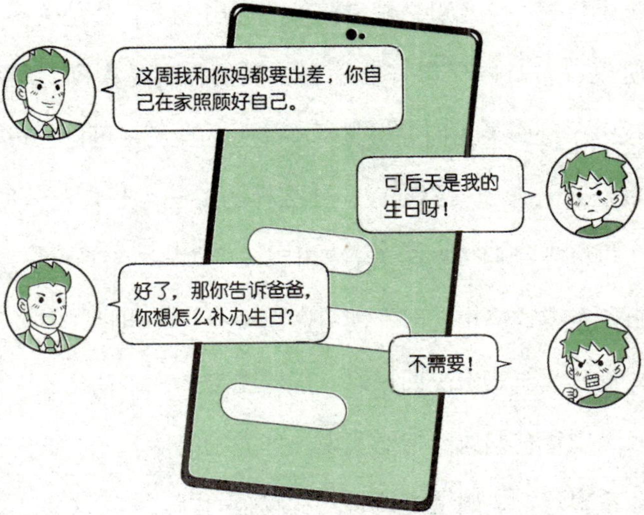

朱雀姐姐：

我觉得爸爸妈妈一点儿都不关心我！他们一旦忙起来就会无视我的存在，有时候我真的很伤心。我该怎么办呢？

列出你的要求

对于关心的方式，不同的人有不同的理解。比如，有的人会觉得，只要心里有你，和你见面的时候对你好，就是关心；有的人会觉得，只要每天都能和你聊聊天、说说话，就是关心；还有些人会觉得，经常陪你一起出去玩，就是关心。

所以，有时候父母并非不关心我们，而是大家对关心的理解有出入。如果我们觉得父母不够关心自己，可以先思考一下，希望家人怎样关心自己，什么样的关心才是自己认同的。然后，可以把我们想要的关心列出来。例如：

1. 爸爸或妈妈出差时，能每晚给我打一个电话。

2. 爸爸或妈妈出差回来时，能给我带一个小礼物。

3. 希望爸爸妈妈经常对我说一些鼓励的话。

4. 希望爸爸妈妈认真地看一看我画的画。

5. 希望爸爸妈妈每周陪我看一场电影。

6.____

7.____

如果还有其他需要爸爸妈妈关心的地方，可以补充在上面的横线上。

▪ 与父母沟通你的需求

在列出我们想要的关心方式后，和父母沟通一下，看看我们的需求是否具有可行性。如果有些需求他们实在难以做到，也要先换位思考他们的为难之处，再和他们进行沟通，看看有没有其他解决方案。

▪ 在他们忘记时提醒

所有的父母都希望多关心自己的孩子，但因为工作繁忙，或生活琐事缠身，难免会有忽略孩子的时候。如果你觉得没有被他们关心，可以直接提醒他们。比如，临近生日了，父母却迟迟没有提起，似乎忘记了。这时与其自怨自艾，不如提醒他们:“我的生日快到啦！”再比如，之前我们和父母约好周末一起去看电影，但马上就到周末了，他们好像已经忘记了之前的约定。这时与其在心里怪他们不守约，不如提前一两天提醒他们:“周末的电影票买了吗？我想提前选一个比较好的位置观看。”

Chapter 3

我爱你们，我的不完美父母

爸爸妈妈不够优秀怎么办？

我最近搬新家了，我的卧室好大、好漂亮，你周末来找我玩吧！

太棒了，那咱们说好了，我周末去找你玩！

朱雀姐姐：

这周末我去朋友家玩，她家超级大，还有一个特别有情调的花园。晚上我回到家，看着我们家小小的房子，心里很难受。为什么我的爸爸妈妈不能像她的爸爸妈妈那样优秀呢？

▪ 什么样的父母最优秀

在我们心目中，什么样的父母才算优秀的父母？能够满足我们一切需求，能够帮助我们解决一切问题，能够让我们在外人面前炫耀，这样的父母才是优秀的父母吗？

或许每个人都想拥有超人一般的父母，但我们不能说，做不到这些的父母就不够优秀。所有尽心尽力爱着孩子的父母，都是优秀的父母。或许他们不能给我们提供最好的生活条件，无法满足我们的所有需求，但他们在自己的能力范围内，给了我们最好的生活，这就足够了。

无论是拿自己的孩子与别人的孩子做比较，还是拿自己的父母与他人的父母做比较，都是一件自寻烦恼的事情。因为家人不应该是用来做比较的，而是用来爱的。

▪ 做自己人生的负责人

父母能够为我们的人生助力确实很好，父母无法助力的时候，我们也不应该指责父母没能让我们坐享其成。毕竟，最应该为我们的人生承担责任的是自己，而不是其他人。

在亲密关系中，我们一定不要轻易将自己塑造成受害者，因为受害者心理会让我们将一切不如意推脱给身边的人，变得喜欢抱怨，失去解决问题的能力。

随着年龄的增长，我们对自己的人生起着越来越重要的作用，也应该越来越有能力应对生活中的不如意。

要记得，我们才是自己人生的负责人。

爸爸妈妈心情抑郁怎么办？

爸爸，您心情不好吗？

我没事，你去学习吧。

最近觉得您总是不高兴。您别不高兴了，笑一笑好不好？

好了，好了，别操心爸爸了，你去学习吧。

朱雀姐姐：

我爸爸最近心情很抑郁，总是唉声叹气，我想安慰他，却不知道该怎么做。我该怎么办呢？

▪ 让自己保持开心

人与人的情绪会相互影响。如果父母心情抑郁，我们难免会受到影响。同样，如果我们心态积极，有着愉悦的心情，也能够对父母产生影响。所以，想帮助心情抑郁的父母，我们自己要先拥有好心情。但要注意我们让自己心情愉悦的方式，不会令父母心情更加糟糕。比如，平时父母就会因为我们玩游戏很不开心，在父母心情抑郁时，就不要通过这种方式让自己保持开心。

我们可以想一想，做哪些事情既能让自己心情愉快，又不会对父母的心情产生负面影响。比如，我们可以：

1. 和朋友一起去打篮球。

2. 和好朋友一起做手工。

3. 给家人做可口的下午茶。

4. 看英语原版电影练习口语和听力。

5. ____

6. ____

如果还有其他喜欢做的事情，可以补充在上面的横线上。

▪ 不要这样安慰父母

下面这些话，我们或许在情绪低落时常常会听到，但事实上，这些话是错误的安慰方式:

1. 别难过了。

2. 不是什么大事。

3. 那么计较干吗！

4. 别往心里去！

5. 开心点儿。

6. 没什么大不了的！

7. 你就是想太多了。

8. 哎呀，这算什么事情。

9. 我之前比你还惨呢。

10. 这事我之前也遇见过，当时……

这些“安慰”的话，会让对方觉得你无法“看到”他的情绪，有一种不被理解的感受。

▪ 你是温暖父母的力量

人在心情抑郁时，仿佛站在阴雨绵绵的乌云下，需要得到家人和朋友的关爱。我们可以尝试下面的事情让父母感受到温暖哦！

1. 倾听他们的情绪。

2. 告诉他们，无论发生什么事情，你都会和他们一起面对。

3. 告诉他们，不管发生什么，你都会永远爱他们。

4. 在他们难过时，拥抱他们。

5. 在他们哭泣时递上纸巾。

6. 陪他们一起打乒乓球，帮助他们通过运动释放负面情绪。

7. 陪他们一起散散步。

8. 让父母中心情好的一方经常带另一方出去散心。

9.______________________________

10.______________________________

你的父母心情抑郁时，还有哪些事会让他们感受到爱与温暖呢？将你观察与思考到的补充在横线上吧！

如何帮助爸爸妈妈进行情绪管理？

你怎么又挑食！这么大人了，还挑食！

我真的很不喜欢吃苦瓜。

你爱吃什么蔬菜？除了肉，你什么都不喜欢吃！这样身体能健康吗？

我哪有不爱吃蔬菜，我只是不喜欢吃苦瓜！

你还敢说，昨天给你炒的豆芽你吃了吗？

朱雀姐姐：

我妈妈情绪很容易失控，她经常会因为一件小事而大发脾气。我该怎么办呢？

打造宽容的环境

情绪容易失控的人，往往对事情的容忍度比较低。这有可能源于他们也曾被同样严苛地对待。比如，有些人在小时候因为考试成绩不好，被父母严厉地批评，如果他们没有有意识地反思这样的行为，那么在他们有了孩子后，也会因为孩子成绩不好而大发脾气；有些人小时候因为挑食而被他们的父母训斥，那么当他们的孩子挑食时，他们同样也会觉得这是一件无法容忍的事情；有些人在工作中总是战战兢兢、小心谨慎，担心工作中出现严重的问题，那么他们可能会将这种吹毛求疵的做法代入与孩子的相处过程中。

如果我们发现父母也存在上述类似的情况，在父母做错事时，我们可以尝试着用宽容的态度对待他们，比如：

1. 他们打碎了杯子，我们就笑着说："'碎碎'平安啦！"

2. 他们将电器弄坏时，我们不去关注电器是被谁弄坏的，而是主动解决问题，比如查看说明书、打客服电话咨询等。

3. 他们接我们时迟到了，我们可以说：“别着急，晚一些也没关系，路上要注意安全！”

4. 他们洗衣服时不小心把我们的新衣服染上了其他颜色，我们可以和他们一起上网查找解决的办法，并告诉他们：“没事，人生处处是意外嘛！”

5.______________________________

如果还有其他类似的生活场景，可以补充在上面的横线上。

需要注意的是，当我们用宽容的态度处理这些事情，并非一次就会让父母发生质变，而是需要日积月累，量变才会产生质变，所以要给他们时间来改变哦！

▪ 给父母推荐情绪管理的书籍

可以推荐父母阅读下面的书籍，帮助他们进行情绪管理。

1.《非暴力沟通》（作者：马歇尔·卢森堡），帮助他们学会正确表达自己的情绪与需求。

2.《爱的艺术》（作者：艾里希·弗洛姆），帮助他们意识到爱是一门需要学习的艺术，从而重视对自己情绪的管理。

3.《控制愤怒》（作者：阿尔伯特·埃利斯），帮助他们通过 ABC 理性情绪行为疗法解决愤怒情绪问题。

4.《焦虑症与恐惧症手册》(作者：艾德蒙·伯恩)，帮助他们缓解因为压力产生的焦虑。

5.《八周正念之旅》(作者：约翰·蒂斯代尔等)，帮助他们摆脱抑郁与情绪压力。

▪ 我们还可以这样做

1. 不要吵闹，塑造一个安静的氛围。

2. 在他们快要情绪失控时，拥抱他们。

3. 拉住他们的手说："我在听，慢慢说，慢慢说。"

4. 如果是我们做错了事情，要及时认错，可以说："对不起，这件事我做错了。"

5. 如果他们情绪失控，可能产生暴力行为，当下要做的是尽量不去激怒他们。如果有严重暴力行为，可以求助其他亲人、邻居、学校老师、警察、居委会等。

针对导致父母情绪失控的不同原因，解决的方法也有所不同。我们在尝试解决问题时，要注意观察和发现他们当时情绪失控的原因，并通过多次尝试，验证出缓解他们情绪的有效方法。另外，不要将父母的情绪问题看作自己的问题，再亲密的关系，也要保持界限感。

Chapter 4

我的心事也想和你说

我的烦恼该如何诉说

我最近和同学吵架了。

怎么回事呀？你在学校被欺负了吗？

没有啦，只是因为一点儿小事，和同学产生了一些矛盾。

他是不是故意找你麻烦呀？

不是啊……

朱雀姐姐：

有时候，我想和家人分享我的烦恼，但是我一旦告诉他们，他们只会让我更烦恼。比如，我把前几天和同学闹矛盾的事情告诉了爸爸，爸爸却告诉了妈妈，结果我妈一晚上没睡着，第二天还非要去找我的同学谈一谈，我劝了她好久，她才没有去。

唉，我该怎么办呢？

父母必须倾听我们的烦恼吗

无论是对朋友诉说烦恼，还是对父母诉说烦恼，我们都不能强求对方必须倾听、必须理解。因为每个人都是独立的个体，我们虽然渴望被倾听，但仍然要尊重对方的自由意志与个人喜好。

即便他们是我们的父母，即便他们再爱我们，他们依旧有无暇顾及我们烦恼的时候。

▪ 如何诉说烦恼

第一步：考虑是否与父母的立场有冲突

我们无论是和家人、朋友，还是未来和恋人、同事诉说烦恼，倾诉的话题都要尽量避免和对方的立场有冲突。

诉说烦恼时，我们往往会渴望得到对方的支持，但如果对方对于这件事情的立场和你有冲突，就很难真诚地给予你支持，而倾诉时所带有的情绪化言语也很容易激化你们之间的矛盾。

比如，我们诉说的核心问题是“不想上学”，但父母的义务就是养育孩子，让孩子通过学习拥有独立生存的资本。那么，这样的情况必然会发生争吵，导致不欢而散。所以，假如我们非要聊这个话题，不如去聊一聊与之相关的“学业上遇到的困难”，避开“不想上学”这个立场冲突的问题。

第二步：讲述事情经过

如果我们和父母倾诉烦恼时，未讲述清楚具体发生了什么，只是说“××× 太差劲了！”“我好讨厌 ×××”“我就是好难受”之类的话，父母就很难理解我们，无法与我们共情。

第三步：观点明晰

逻辑清晰地讲出为什么这件事会让我们觉得不愉快、愤怒、难过、困扰等。

第四步：提出你的要求

每个人倾诉烦恼的需求不同，有的人是想通过倾诉寻求安慰，有的人是想通过倾诉获取帮助，还有的人是两种需求都想得到满足。所以，如果我们不描述清楚自己想要的是什么，就可能出现需求无法得到满足的情况。比如，你倾诉的目的是希望家人给你安慰，就可以这样说："这件事我会思考怎样处理，现在我更希望你们可以安慰我。"

诉说要适量

如果父母的思考方式比较容易将事情灾难化，比如，你告诉他们，你和别人发生了矛盾，他们就会对这件事情无限夸大："哎呀，我孩子以后在学校会不会没朋友呀？""那个同学会不会报复你啊？""我孩子是不是不会为人处世，他以后进入社会怎么办啊？"

遇到这样的情况，我们就要有选择地诉说烦恼。因为如果过多地诉说我们的烦恼，不仅会给父母带来精神压力，而且我们的烦恼会因为问题被灾难化而有增无减。这样的倾诉方式既无法达到缓解情绪的效果，也不利于我们理智地解决问题。

所以，除了必须和家人讲的事情，比如安全问题、身心健康问题、霸凌问题、经济问题等我们无法处理的事情，其他小烦恼则可以选择性地和父母进行沟通。

爸爸妈妈总是唠叨怎么办？

你怎么又在玩手机呀？

我刚写完卷子，拿手机回复一下同学的信息。

别总是天天玩手机，既影响学习，对眼睛也不好！

我知道，我没有天天玩。

你呀，就是对手机上瘾，让你别总玩手机，你就是不听。

朱雀姐姐:

我爸特别爱唠叨,一件事总是翻来覆去地说。像玩手机这件事,他一天能说八百遍,天天看到我就念叨我。我该怎么办呢?

▪ 读懂唠叨背后的潜台词

当人唠叨的时候,往往是出于对未来的担忧。比如,当父母说“不要总是玩手机”,他们可能是在担忧:

1. 孩子会对游戏上瘾。
2. 孩子学习成绩会下降。
3. 孩子考不上好的大学。
4. 孩子好逸恶劳,以后无法在社会上立足。

▪ 根据潜台词了解父母的需求

上面这些潜台词,反映着父母的需求,比如:

1. 希望我们不要对游戏上瘾。
2. 希望我们的成绩优良。

3. 希望我们考上好的大学。

4. 希望我们上进努力，以后能够独立自强。

▪ 你的需求是什么

仔细想一想，你会发现一件很好玩的事情：上面写的那些需求，可能有几条和你的需求是相契合的。那既然你们有着共同的需求，为什么父母总会唠叨你呢？原因就是，除了你们相似的需求外，你可能还有一些不同的需求。以玩手机为例，你可能还有下面这些需求：

1. 通过玩游戏来放松。

2. 通过手机与朋友交流。

3. 通过看短视频了解更多信息。

4. ____________________

如果还有其他玩手机的需求，可以补充在上面的横线上。

▪ 平衡不同的需求

与其说在寻找我们的需求和父母的需求之间的平衡点，不如说在我们的各种需求之间寻求平衡。

作为父母，他们除了是养育者，还承担着监督者的角色，有很多问题他们需要帮我们考虑周全。但他们无法一直在我们的生命中扮演监督者，当我们逐渐成熟，我们要学会理智地平衡不同的需求，让父母安心地放弃“监督者”的身份。

就像当我们既有“通过玩游戏来放松的需求”，又有“考上好大学的需求”时，我们就需要思考，用哪些方式来平衡这两种需求。例如：

1. 合理安排玩手机与学习的时间。

2. 与父母协商你的每日学习、生活安排，在协商一致后，告诉父母：“希望在我放松的时候你们不要打扰我，让我充分地利用这段时间去放松。当然，我也会严格遵守学习的时间，在放松后更加投入地去学习。”

3. 通过高效的学习方法，提高自己的学习效率。

4. 在学习时间将手机关机。

5. ______________________________

如果你还有其他方法，可以补充在上面的横线上。

▪ 遵守约定

和父母协商达成约定后，你要遵守约定，否则只会加重他们的焦虑感，让他们变得更唠叨。

爸爸妈妈总是打断我说话怎么办？

妈，你知道吗？前两天我……

什么事赶紧说，我这会儿正忙着呢！

那没事了，你忙吧。

朱雀姐姐：

我妈总在我说话时打断我。比如，有时候我和我爸聊一些历史与时事，正聊得开心呢，她就会突然打断我们，说我“小孩子懂什么”。我特别不喜欢她这样，我该怎么办呢？

▪ 选择父母空闲的时间和他们聊天

当我们想和他人沟通时，需要观察一下对方是否有空。如果是在对方很忙的时候，你说的话不但对方听不进去，还很容易被对方打断。

▪ 说话简洁、有重点

交流这件事，不是说得越多，对方越能听得进去。反而语言简洁、有重点，更容易让对方听进去。

▪ 以身作则

在沟通时，从我做起，我们自己要先做到不随意打断父母说话，即便观点不同，我们也要尊重对方，不要总试图打断别人讲话，可以在对方说完之后再发表不同的看法。

▪ 提醒父母

当父母打断我们讲话时，我们可以友善地提醒父母：“我知道你们对于这件事或许有不同的想法，但咱们轮流发表意见，一个人说完了另一个再说，好不好？我讲完后你们讲时，我也会认真地听，不去打断你们。”

Chapter 5

越亲密越需要沟通力

如何让爸爸妈妈理解自己？

你怎么又出去玩了？

我学了一下午，出去打会儿篮球放松一下，怎么是又出去玩了？

你马上上初三了，用打篮球的时间多做一会儿题，你中考也能多考几分。

我就打篮球这一个爱好！你都不能理解我吗？

朱雀姐姐：

我平时学习累了，会去打一会儿篮球放松一下。但我妈却一点儿都不理解我，她觉得我就是想偷懒，给自己不努力学习找借口。前两天我们还因为这件事吵了一架。我该怎么办呢？

▪ 放下对百分百理解的执念

每个人的成长环境不同，人生经历不同，对于同一件事往往有着不同的理解。就像我们再爱父母，有些事情我们也很难认同他们的想法和做法。所以，我们可以尽量让父母理解自己，但无法做到让父母接受、认同我们的全部想法。同样，我们也不必强求其他人完全理解自己。自我认同才是最重要的。

▪ 如何争取父母的理解

第一步：寻找共识

当我们认为某件事情父母可能会不理解时，先不要急着去和他们辩论，而要去寻求共识。

第二步：清晰地表达我们的理由

想要得到父母的理解，在达成共识的基础上，既需要理由充分，也需要我们表达清晰。以我们“想参加艺考，而父母不同意”为例，我们可以这样跟父母沟通：

1. 想参加艺考的原因。我们可以这样说：“我目前的成绩考上一本比较困难，但如果发挥我的特长参加艺考，则可以进入一流的学府。”

2. 根据他们的担心做出保证。比如，父母担心艺考会影响我们文化课的成绩，我们就要在学习规划与文化课成绩上有所保证。

第三步：给彼此思考的时间

完成第一步和第二步后，如果父母还是很难理解，我们也不要急迫地让他们答应我们的请求，而是先告诉他们：“你们的意见我会好好想一想，希望你们也能再考虑下我的想法。”这样可以给大家冷静思考的时间，避免父母因一时无法接受而发生争吵，更加坚定地拒绝我们的请求。当他们在情绪比较平静的情况下思考我们的请求，会更容易理解我们。

同样，我们也不要固执己见，应该认真地思考父母提出的一些建议，因为他们的生活阅历比我们丰富得多，他们思考问题会更全面。当冷静下来想想父母的建议，你的想法可能也会有所改变。经过一段时间的思考，如果你的想法还是没有改变，可以再尝试和父母进行沟通。

被爸爸妈妈误会了该怎么办？

大宝，你是不是又打二宝了？

我没打他！

你没打他，他怎么哭了？

是他要打我！刚才他打我，您怎么没看见呢！

朱雀姐姐：

我妈妈总是因为弟弟误会我，明明是弟弟不懂事，爱和我打闹，但只要弟弟一哭，妈妈就认为是我的错。我该怎么办呢？

深呼吸，先冷静下来

被误会是一件让人难过的事情。人在被误会的时候，情绪很容易失控，一旦情绪失控，就可能出现两个问题：

1. 因为情绪失控而无法讲清楚事情原委。

2. 因为情绪失控，容易将一个小误会变成大矛盾，破坏了彼此的感情。

所以，当我们被误会时，请先深吸一口气，并告诉自己："先冷静下来，好好思考一下如何处理现在的情况才能更好地解除误会。"

解释清楚误会

与人产生误会是生活中时常会发生的事情，所以解释清楚误会是一个很重要的技能。以上述被妈妈误会的事情为例，让我们一起来看看如何解释清楚误会。

第一步，还原事情发生的经过

可以告诉妈妈事情发生的经过："刚刚我正在看书，弟弟突然扑了过来，吓得我躲了一下，结果他撞到墙上就哭了。"

第二步，这件事让你感到委屈的原因

可以这样接着对妈妈说："我能理解您看到弟弟哭了很心疼，我看见他哭，心里也很不好受。我一直很疼弟弟，所以当您误会我欺负他时，我心里真的很难受。"

第三步，让知情人为自己作证，或者出示其他证据

可以让弟弟证明你所说的都是事实。如果没有需要作证的必要，这一步可以省略。

有些误会不必解释

我们不想被误会，往往是因为我们不想被家人和朋友否定。在这里要告诉大家的是，一些并不会给我们带来负面影响的小误会，其实没有必要去解释清楚，尤其是一些解释不清楚的小误会。比如，被误会出门的时候没有关灯，被误会把家里的吹风机用坏了，等等。像这样的误会，如果我们能解释清楚当然好，如果无法解释清楚，我们可以说："虽然真的不是我做的，但这样的小事，咱们没必要斗嘴了，是不是呀，我聪明美丽的妈妈（我帅气智慧的爸爸）！”

▪ 有些误会需要道歉

如果有些误会是由我们引起的，比如，你和姐姐在家里学习的时候，姐姐喊你一起玩游戏，但被父母发现后她却把责任推到了你身上。这个时候，我们就要先向父母道歉，然后再解释误会。我们可以这样说:“偷偷玩游戏的确是我不对，我保证以后绝对不会在学习的时候玩游戏了。但手机的确不是我从你们房间偷拿出来的，也希望你们能够相信我。”

和爸爸妈妈观点不同怎么办？

你这次考试成绩怎么又退步了？

我也不知道。

你就是没把心思放在学习上。你看看你满屋子挂的明星海报，肯定是把心思都放在追星上了！

喜欢明星又不会影响学习！

朱雀姐姐：

我爸一直觉得追星会影响学习，可追星和学习有什么关系？我只是关注自己喜欢的明星的相关新闻，根本没占用学习的时间。我该怎么和我爸沟通呢？

选择一个好时机去讨论

好时机讲究天时、地利、人和。

天时：

下面的选项中，选出爸爸妈妈比较空闲的时间段。

A：爸爸妈妈明天还要上班，马上要睡觉了。□

B：周末爸爸妈妈无事时。□

地利：

选择私密场所，如果是公共场所，或者有其他人在场，很容易因为面子问题而吵起来。请在下面的选项中选出适合沟通的场所。

A：去亲戚家串门时。□

B：在家和爸爸妈妈独处时。□

人和：

选择彼此心情平静的时候进行沟通。当彼此有敌对情绪时，很难听进对方说的话。请在下面的选项中选出适合沟通的环境。

A：爸爸妈妈正在发脾气时。□

B：爸爸妈妈心情放松时。□

▪ 开启思维的碰撞

当我们和父母观点不同时，可以进行思维的碰撞，而不是去争辩对错。我们可以尽情地发表我们的观点，并提前准备充分的论据，比如官方媒体的新闻、学术资料、实验结果等，去佐证我们的观点。

在进行辩论的时候，不必计较“谁吵赢了”。当我们放下傲慢、控制欲、好胜心、优越感，才是在进行真正的辩论。

生活不是考试，要记住，大家进行辩论的时候往往没有正确答案，只是不同的人站在不同的角度看问题而已。所以，无须和他人观点完全一致，也要允许他人有不同的观点。我们辩论的目的是希望通过思维的碰撞更全面地看待问题，更加了解彼此。

▪ 避免人身攻击

与父母围绕某一观点展开讨论，能够帮助我们掌握更多信息，拥有更多思考角度，让我们更全面地看待问题。所以，在讨论观点时，只针对事情，千万不要针对人。比如，不要说:“你的想法实在太蠢了！”“你就是老古董，根本跟不上时代了！”“你根本就不懂！”“你简直太好笑了！”这样的话除了伤害家人，根本无法佐证我们的观点。

和爸爸妈妈吵架后该怎么办？

妈！您是不是偷看我手机了?!

我看看怎么了？你什么都不和我说，你不知道我很担心你吗？

这是个人隐私，个人隐私！

你手机上有什么是不能让我知道的吗？这么怕我看！

朱雀姐姐：

我妈总是偷偷翻我的书包，还偷看我的手机。前两天她偷看我手机被我发现了，我们大吵了一架。现在我们谁都不理谁，每天都假装对方不存在。这种状态已经持续好几天了，我心里很不是滋味。我该怎么办呢？

缓和关系

和父母吵架后，我们的情绪逐渐恢复平静，这时或许我们会后悔之前对父母大吼大叫，或许我们会责怪父母为什么不理解自己。但无论是哪种情况，我们都应该及时止损，降低争吵对我们的感情产生的影响。而且只有关系得到缓和，才能心平气和地去解决矛盾。

如果和父母发生争执后关系变得紧张，如何才能缓和关系呢？我们可以试一试以下这些方法：

1. 在父母喊你吃饭时，主动帮忙盛饭。

2. 抛开争吵的事情，主动和父母说：“刚刚我说话太大声了，惹您伤心了，真的很抱歉。”

3. 晚上睡觉前，主动和父母道晚安。

4. 如果的确是我们做错了事情，可以根据具体的事情道歉，并给出正确的解决方案。

5. ____

如果你还有其他想法，可以补充在上面的横线上。

▪ 解决矛盾

在我们主动改善和父母的关系后，父母可能会立马提起刚刚争吵的事情。通常情况下，他们这时的情绪波动依然很大，所以不是大家沟通讨论的好时机。

这个时候，我们可以说："刚才爸爸妈妈的话我已经记在心里了，我想再认真地思考一下你们的意见，然后再和你们聊这件事，好吗？"

等彼此情绪都稳定了，我们再和父母去解决矛盾。以上面讲述的妈妈偷看手机的事情为例，可以这样做：

第一步：表达对父母的理解

"我仔细想了想，妈妈不了解我的近况，肯定很担心我，担心我结交不好的朋友，担心我被别人欺负。"

第二步：表达自己的观点与感受

"但是，每个人都希望自己的隐私得到保护，妈妈也一定能理解。所以，我希望妈妈以后不要偷看我的手机了。”

第三步：打消父母的疑虑和担忧

“为了不让妈妈为我担心，我以后一定会多和妈妈聊聊我的烦恼、我的朋友、我在学校发生的一些好玩的事情，尤其是如果遇到了麻烦，我肯定会告诉妈妈。让妈妈能安心一点儿，好不好呀？”

Chapter 6

爸爸妈妈干涉我交朋友怎么办？

爸爸妈妈在我朋友面前不给我面子怎么办？

（在小区里偶遇同学）

你也住在这个小区呀！明天你来我家找我玩呀！

玩什么！你作业还没写完呢，还想着玩！

当着我朋友的面，您能不能给我点儿面子？

朱雀姐姐：

我妈从来不在乎我的面子，经常当着我朋友的面让我难堪，我该怎么办呢？

私下解决

当我们在朋友面前丢了面子，再当着朋友的面和父母争吵，父母有可能会为了他们的面子而更加不给我们面子。这会让我们的处境更加尴尬。所以，当下最明智的做法是，先和朋友道歉，然后私下再尝试和父母解决“不给面子”的问题。

我们觉得“没面子”的原因

如果带着情绪对父母说：“你为什么一点儿面子都不给我！”“你也太让我没面子了吧！”“你怎么总是这样不给我面子！”父母可能并不太理解，为什么我们会觉得他们的行为是不给我们面子，并且还会因为我们不友好的态度而产生不良情绪。

所以，我们要用真诚的态度，表达清楚我们觉得“没面子”的原因，以得到父母的理解。比如，可以这样说：“希望爸爸以后当着我朋友的面不要说我什么都不懂，虽然和爸爸比，我的确没有那么成熟，但我不希望让朋友觉得我是一个很无知、很愚蠢的人，这会让我很难受。”

▪ 约定一个小暗号

有的时候，并非父母故意不给我们面子，而是他们没有意识到，他们在我们的朋友面前讲述我们的“趣事”，会让我们有多尴尬。所以，我们可以和父母约定一个小暗号，当我们发出这个暗号时，父母就要配合我们赶紧转移话题。比如：

1. 小声咳嗽。

2. 拉一拉他们的衣角。

3. 对着他们挑一下眉毛。

4. 对着他们眨一下眼睛。

5. ______________________________

如果你和父母还有其他小暗号，可以补充在上面的横线上。

爸爸妈妈不愿让我参加朋友聚会怎么办?

妈，今晚我想去参加朋友聚会。

去什么呀，一群孩子凑在一起，万一发生危险怎么办?

不会有危险的，我们都是高中生了!

不行，我不放心。

我就没有点儿自由吗?

朱雀姐姐：

我每次想去参加朋友聚会，我妈都不让我去，非说不放心我。我真不理解她为什么不放心。我该怎么办呢？

打消父母的疑虑

如果父母是因为担心我们参加朋友聚会遇到一些危险的事情，我们可以通过下面的方法打消父母的疑虑：

1. 告知父母聚会的地点、结束时间、都有哪些朋友。

2. 聚会地点选择安全的场所。

3. 聚会结束时间不要太晚。

4. 不要在聚会上做让父母担忧的事情。

5. 告诉父母我们会保持手机畅通，不会让他们因为联系不上我们而担心。

6. 如果出现任何意外情况，都会及时和父母联系。

7. 如果单独打车，会和父母共享实时位置。

8. 每次都能按约定时间回家。

9. 如果聚会时出现一些特殊情况，比如无法按照之前约定的时间回家，一定要提前和父母说明原因，并约定好时间，避免他们担心。

10.____

11.____

如果你还有其他可以打消父母疑虑的方法，可以补充在上面的横线上。

▪ 表达你的社交需求

如果父母不同意我们参加同学聚会，认为“现在是读书的时候，交朋友没什么用处”，我们可以用父母能够理解的方式，告诉他们社交的必要性，并保证交友并不会影响学习。比如，可以这样对爸爸妈妈说:“我能理解你们说的，上学时的朋友，很多进入社会后就没什么联系了。但我也希望你们能理解，每个人都会有社交的需求，中学生也一样。而且，如果我对同学爱搭不理，在学校需要别人帮忙的时候，可能也没人搭理我了呀！你们放心吧，该学习的时候，我一定好好学，偶尔让我放松下，更有助于我的学习呢！”

▪ 降低聚会的频率

如果父母不让我们参加聚会，是因为我们参加朋友聚会的频率有些高，那我们就需要考虑一下，过多的同学聚会是否影响到我们生活中其他的事情，毕竟聚会多会占用我们很多时间，比如，会不会影响学习，会不会影响我们其他兴趣爱好的发展，等等。如果的确有影响，我们可以取消一些非必要的聚会。

爸爸妈妈不喜欢我的朋友怎么办？

你又要出去和小明玩吗？

对呀！

每天和他在一起玩，难怪成绩会退步呢！

我上次是发挥失常，和小明有什么关系？！

他的学习成绩不好，你和他一起玩，能学到什么？

朱雀姐姐：

我的朋友小明心地很善良，而且也很有趣，我和他相处起来很放松。但是我爸不喜欢他，觉得他成绩不好，怕我和他玩得时间久了，会影响学习成绩。我该怎么办呢？

你的父母为什么不喜欢你的朋友呢？比如，觉得他学习成绩不好；觉得他有些不好的坏毛病；觉得他的家庭条件不好；觉得他人品有问题；等等。根据具体原因，我们可以采取不同的处理方式。

▪ 不必在乎的原因

如果父母仅仅因为对方的成绩和家庭条件等原因而不喜欢我们的朋友时，那就不必太在意，因为这样的原因不应该是衡量交友的标准。

▪ 值得在乎的原因

当父母认为我们的朋友有一些不好的习惯时，我们要看一下，朋友是否真的存在这些坏习惯，还是父母对朋友有误会。如果只是误会，除了解释清楚，也可以在和父母闲聊时，告诉他们一些关于这个朋友比较正面的事情。如果不是误会，我们就要衡量一下，这些坏毛病是否关系到一个人的品质问题，例如，经常欺负别的同学，以侮辱他人为乐，像这样涉及品质的问题，我们就要敬而远之了。但如果对方只是喜欢吹吹牛，或者聚会的时候喜欢迟到，这类不牵涉到人品问题的习惯，我们只需要时常进行自我反思，不要被对方影响即可。

Chapter 7

总是因为学习与父母发生矛盾，怎么办？

学习有压力，怎样和爸爸妈妈沟通？

妈妈，我……

宝贝，怎么了，遇上烦心事了吗？

没事，没事。

有什么事要和妈妈说呀！

嗯嗯。

朱雀姐姐：

自从上初中后，我的学习压力就变得很大。之前上小学时，随便学学，我的成绩都能在班里排前几名。但现在我有时连课堂上都会跟不上老师的节奏。我想和家人沟通这个情况，可我实在不知道该怎么和他们说。我该怎么办呢？

▪ 不要怕，他们会接受

在学习上遇到困难却不敢告诉父母，是很多人会有的情况。因为我们既不想让他们担心，又担心他们不理解，被他们指责。

不过，如果我们一直隐瞒情况，也会有其他的问题存在，比如，因为担心达不到他们的期望值而产生过大的压力。在这样的压力下，我们的情绪会变得焦虑，甚至对学习产生排斥感。

所以，当我们的学习出现问题的时候，还是应该告诉父母。大多数父母都会对孩子的坦诚相待感到欣慰，并会和我们一起寻求解决问题的方案。即便有的父母可能一时会有些情绪，但他们最终肯定能接受我们遇到的困境。重要的是，将自己的困境告诉父母，能够减轻精神负担，更有助于我们从容地解决学习上遇到的难题，让成绩得到提升！

▪ 先思考，再沟通

第一步：思考我们为什么会产生学习压力

比如：

1. 上课时听懂了，做题时却不会。

2. 感觉自己记忆力很差，总是背了就忘。

3. 有些科目始终找不到正确的学习方法。

4. 复习的时候无从下手。

5.________________________________

如果还有让你学习压力大的原因，可以补充在上面的横线上。

第二步：思考我们采用了什么方法解决学习上遇到的问题

比如：

1. 做了很多练习题。

2. 反复背诵课本上的知识点。

3. 向老师请教学习方法。

4. 集中复习自己不懂的难点。

5. ______________________________

如果你还采用了其他解决方案，可以补充在上面的横线上。

第三步：结合你的思考，和父母诚恳地交流你目前的困境

比如，可以开门见山地告诉他们："我想和你们聊一聊我在学习上遇到的一些困境。"可以把自己遇到的困境和尝试的方法告诉他们："我听课时很认真，也觉得自己听懂了，可不知道为什么做题时总是不会。我想可能是我做的题不够多，于是我也做了很多题，但效果却不是很好。"

然后，告诉他们你想寻求解决问题的方案："我想和你们交流一下，希望你们帮我一起想想办法，如果你们有好的学习方法，我也想借鉴一下。"

成绩下降了，怎样和爸爸妈妈沟通？

唉，考砸了，回去怎么和爸妈说呀……

估计“暴风雨”要来临了……

真不想面对他们。

朱雀姐姐：

如果考试没考好，我和爸妈就会发生争吵。他们坚持认为是我不努力，可我真的很努力了。我实在不知道该怎么和他们沟通。我该怎么办呢？

成绩下降的原因有很多种。比如，偶尔的一次失误，学习上遇到了困难迟迟没有解决，对学习缺乏动力，因为其他因素导致学习时间减少，等等。

▪ 偶尔的失误

我们可以分析自己失误的原因，以及如何避免下次再犯类似的错误。比如，这次语文没有考好，主要是因为作文题没有仔细阅读题目内容，导致写跑题了，那下次再看作文题目时，就要逐字逐句把题目完整地默读一遍，这样就不会再跑题了。

▪ 学习上遇到的困难迟迟没有解决

如果之前没有和父母沟通过学习上遇到的困难，我们可以先为隐瞒这件事向父母道歉，然后和他们沟通你遇到的学习困境。比如，可以这样对父母说：“之前我学习上遇到了一些困难，本来想告诉你们，但又怕你们失望，所以一直没有说，非常抱歉。情况是这样的，我上课时也很认真地听讲，但还是跟不上老师的思路。于是我上课时就把笔记记得满满的，我想即便上课没听懂，下课后看笔记巩固应该会懂。但不知道为什么，效果还是不好。今天和你们聊这些，不是想推卸责任，而是想和你们一起想想办法，或者借鉴你们之前的学习经验。”

如果之前针对学习上遇到的困难和父母沟通过，我们可以和父母沟通目前克服这些困难的情况，以及以后如何去做。比如，可以这样说：“最近我开始提前预习，对于跟不上老师讲课速度的问题，现在已经慢慢地跟上了。不过，因为之前落下了很多知识，目前成绩提升速度还不算快，之后我会继续通过预习、复习、查缺补漏，尽快让成绩得到较大幅度的提升。”

▪ 对学习缺乏动力

如果对学习缺乏动力，需要我们先思考一下如何调整状态，再根据我们的思考和父母进行沟通。比如，可以这样说：“上小学的时候，我感觉不需要什么学习方法，学习成绩就很好。但上初中后，学习越来越吃力，我也就越来越没有动力了。这次成绩下降这么多，我也反思了很久。我今后会向各科老师，以及成绩优秀的同学请教学习方法。如果你们有什么好的学习方法，也可以教教我，或者给我推荐一些介绍学习方法的书！”

需要提醒大家的是，当学习上遇到的困难太久没有得到解决，也可能会出现学习缺乏动力的情况。所以一旦学习上遇到困难，一定要尽早解决。

▪ 因为其他因素导致学习时间减少

不回避问题，才能解决问题。我们可以坦诚地告诉父母，我们最近因为一些外在因素导致学习上有些分心，并对下一阶段的学习时间作出保证。比如，可以这样说:“最近我的确有些分心，在学习上投入的时间不足，我打算今天制订一份下个月的学习计划，从明天就开始执行学习计划，避免学习时间减少的问题。”

爸爸妈妈总怀疑我没认真学习怎么办？

妈……我正写作业呢，你怎么一会儿进来一趟啊？

我是怕你累，给你拿点儿水果。

那你别进来了，我不想吃水果。

你为什么怕我进来？是不是又在偷看小说呢？

我没有！不信你找找！

我找什么，我还不是担心你学习的时候三心二意！

朱雀姐姐：

我爸妈总觉得我没有认真学习。我看书的时候，他们说我心思没在书上；我做题的时候，他们说我就是在应付作业。我该怎么办呢？

爸爸妈妈怀疑我们没有认真学习往往是因为以下几个原因。

▪ 成绩不稳定或下降

解决办法：厚积薄发

学习成绩的提升往往需要厚积而薄发，在成绩还未得到提升时，家长或许会对我们的努力程度产生怀疑。这个时候，我们无须和他们争吵，因为打消他们质疑的方法很简单，就是通过自身努力，比如改进学习方法、合理安排学习和娱乐的时间，最终提升我们的成绩。

我们可以告诉父母：“我知道这段时间你们很担心我的成绩，不过不要太着急，给我一段时间来查缺补漏，一定会让你们看到我的进步。”

▪ 父母过度关注我们的娱乐时间

当我们的成绩出现波动的时候，家长比较容易产生焦虑情绪，他们会过度关注我们的学习情况，尤其对娱乐时间的分配很在意，或许我们学了 2 小时，才玩了 10 分钟电子产品，但他们的焦虑感让他们觉得我们总是在玩电子产品，甚至还会联想到我们常常背着他们偷偷玩手机而高考落榜的场景。

解决办法：列出每日计划

通过安排每日计划，包括具体的学习计划及娱乐安排，将我们的努力变得可视化，让家长一目了然。下面列出一个每日生活计划表，供大家参考。

2022 年 4 月 23 日　周六

9：00—10：00　洗漱 + 吃早饭☑

10：00—10：50　背诵第五单元的英语单词☑

10：50—11：20　休息☑

11：20—12：10　完成物理作业☑

12：10—13：00　吃午饭 + 使用电子设备回复同学信息☑

13：00—14：00　午睡☑

14：00—14：10　整理书桌☑

14：10—15：00　完成英语作业☑

15：00—15：10　休息☑

15：10—16：00　完成语文作业☑

16：10—17：30　跑步及休整☑

17：30—20：30　和朋友看电影、吃饭☑

20：30—21：30　阅读课外书籍☑

21：30—22：00　洗漱＋收拾房间☑

22：00—22：30　复习早上背的单词☑

22：30　睡觉☑

给自己制订每日生活计划表的好处有两点。一是可以让我们在娱乐的时候，没有压力与负罪感，这样可以让我们更好地利用娱乐时间来放松大脑。二是当家长担心我们是否认真学习时，我们可以将每日计划给父母看，让他们更安心，帮助他们缓解焦虑感。我们可以告诉他们："这是我制订的每日生活计划，今天上午我已经按计划完成了学习任务，从现在到下午1点，是我的休息时间，之后我会继续完成剩下的学习任务，你们放心吧！"

相信爸爸妈妈看到我们的生活计划表一定会很欣慰，我们要做的就是言行合一，这样就会得到爸爸妈妈的信任。

▪ 学习时容易分心

如果我们在学习时经常发呆、偷玩手机、注意力不集中等，就容易让家长觉得我们学习不认真。

解决办法：改进学习习惯与学习方法

通过调整学习习惯，帮助我们养成良好的学习习惯，提升专注力。比如，在规定的学习时间内把手机放在看不到的地方；学习桌上只摆放当前需要的学习资料与用品；延迟满足，在学习任务完成后再奖励自己娱乐时间；保证充足的睡眠；等等。

另外，有些时候我们学不进去，是因为我们通过学习获得的成就感不高，从而导致学习动力不足。像这样的情况，就需要通过改善学习方法，以获得更多的成就感。比如，向老师和同学请教不同学科的学习方法；上课前进行预习；每做一份卷子，都留出整理错题的时间；设定合适的目标；等等。通过调整，找到更适合我们的学习方法，学习成绩必定会有所提升，这样我们在学习中获得的成就感自然也会得到提高。

如果你的父母不是因为上述原因对你的学习表示不满，你也不要急于反驳他们："我怎么不认真了！"可以用平和的语气和父母进行沟通:“你们为什么觉得我学习不认真呢?”如果父母给出了理由，你可以根据他们讲述的原因进行思考，把你想到的解决方法告诉他们，并一起讨论是否可行。

Chapter 8

生活中的鸡毛蒜皮

爸爸妈妈假期不让我睡懒觉怎么办？

都8点了，你怎么还不起来！

都放假了，我就不能多睡会儿吗？

怎么没让你多睡？现在都8点了呀！

假期不是想睡到几点就睡到几点嘛，你为什么非要喊我起来？

朱雀姐姐：

我在学校天天学习很累，好不容易放假了，就想好好休息休息，可是我妈一大早上就开始喊我起床。我该怎么办呢？

▪ 假期也要规律作息

父母从健康的角度考虑问题，觉得无论是上学还是放假，都应该保持规律的作息。如果假期晚睡晚起，这相当于打乱了作息规律，父母担心我们的身体健康，所以才不让我们睡懒觉。

我们可能觉得只要保证足够的睡眠，何时睡觉、起床似乎没那么重要。但父母的这种健康意识是正确的。为了我们的身体健康，假期可以适当晚起，但也不要起得太晚。

▪ 对于睡懒觉容忍度低

有的家长对睡懒觉这件事的容忍度较低，这可能是因为他们从小受到“睡懒觉是好吃懒做的行为”教育理念的影响。

所以当他们看到孩子睡懒觉时，情绪比较容易激动。这时，我们要和他们沟通一下假期补充睡眠这件事的必要性。比如，可以这样说:“通常青少年一天要睡够 8~9 小时才能消除身体疲劳，恢复敏捷的思维。上学时睡眠时间经常不够，我希望假期能多睡一会儿，这样也有助于提升学习效率。”

如果他们不相信，也不必争吵，我们可以搜集相关的科普知识，以及权威媒体发布的新闻，帮助他们了解。

需要注意的是，这里提到多睡一会儿，不代表晚睡晚起，我们要保持规律的作息时间，按时休息，多睡一会儿是为了保证 8~9 小时的睡眠时间。

▪ 担忧我们的未来

当我们的学业出现一些问题，或者自理能力较差时，父母看到我们睡懒觉，就会因为担忧我们的未来而进行干预。遇到这种情况，就需要通过其他方面的良好表现，让他们看到我们对学业的用心，并通过实际行动证实自己的自理能力，从而缓解他们的焦虑。

比如:

1. 制订一周学习计划表。

2. 按时完成学习计划。

3. 通过努力让学习成绩有所提高。

4. 在保证充足睡眠的情况下，和父母商定好起床的时间，并按照约定的时间起床。

5. 把房间打扫得干净整洁。

6. ____

想一想，还有哪些事情可以缓解父母的焦虑，可以补充在上面的横线上。

爸爸妈妈总念叨我房间太乱怎么办？

你的房间怎么乱得像狗窝一样！
你房间这么乱，东西能找到吗？

能找到啊。每次你们给我收拾完房间，我才会找不到呢。

你都这么大了，也该自己收拾房间啦！

我收拾了呀，我觉得这样挺好的！

朱雀姐姐：

我爸妈经常念叨我，让我收拾房间，说我的房间太脏、太乱了。其实我也收拾了，可他们还是觉得我的房间很乱。我该怎么办呢？

是否真的很乱

如何判定自己的房间真的很乱呢？大家可以看看有没有下面这些情况：

1. 房间有奇怪的味道吗？
2. 垃圾桶周围有小飞虫吗？
3. 脏衣服堆了很多吗？
4. 有好几个没清洗的水杯吗？
5. 学习桌上有很多非学习用品吗？
6. 很多护肤品过期了还保留着吗？
7. 想搭配衣服，却总忘了自己都有什么衣服。
8. 想找东西却不记得放在哪里了。
9. 在房间里走路要避开地上的很多障碍物。
10. ______________________________

如果你觉得还有其他事情可以表明房间很乱，可以补充在上面的横线上。

▪ 那方小天地是心的港湾

居住环境会对一个人的心情产生影响。一个空气清新、整洁、有条理的房间，能够给我们带来心灵的慰藉；一个乱糟糟的房间，可能会让我们的心情乱糟糟的。比如，本来急着出门和朋友见面，却怎么也找不到钥匙，难免会对我们的心情有些影响。尤其是房间里有怪怪的味道或者垃圾桶里有飞虫这种卫生方面的问题，还是赶紧打扫干净吧！不然可能会影响身体健康。

▪ 掌握收拾房间的小窍门

如果我们经常打扫房间，但还是被父母念叨房间很乱，排除他们存在洁癖的问题，也有可能是因为我们并不太懂得如何收拾房间。

其实，收拾房间这件事，有时并不在于我们爱不爱干家务，而在于我们的规划能力如何。我们可以在收拾房间时，先思考一下如何进行收纳整理。比如，袜子应该放在哪个抽屉里，衣服如何摆放更方便拿取，哪些物品可以进行废物回收。通过对房间进行整体的清理，来锻炼我们的规划能力。

下面我们一起来看看以下这些小窍门，是否对你有所帮助。

将物品分门别类

父母给我们收拾房间后，我们往往会出现找不到东西的情况，就是因为父母是按照他们的分类方式对房间进行整理，把物品放到了我们不熟悉的位置。

所以，想要房间既整洁，又方便找东西，就需要采用你喜欢的方式进行分类。比如，你喜欢把衣服按颜色分类还是按款式分类？你喜欢把文具全部收纳在一个抽屉里，还是把笔记本和笔分开收纳？

就近摆放原则

将物品放在离它的使用地较近的地方，这样方便我们“顺手”放回原位。比如，将文具收纳在书桌的抽屉里，将需要滴的眼药水放在床头柜的抽屉里，将装在小盒子中的备用纽扣放在衣柜的抽屉里……

断舍离

人有的时候太容易被物欲操控。你有没有过这样的经历，以奖励自己为由，买了一大堆当时觉得能提升幸福感的东西，但事后发现很多东西买回来后都闲置在家中，除了增加整理房间花费的时间，没有任何用处。这不是奖励，简直是惩罚。

另外，有些人抱着消费主义的态度，自以为占有了好多东西，但其实是你的人生在被这些东西占有。东西过多，就需要更多的整理时间，浪费了我们边喝下午茶边看美剧的休闲时光，浪费了我们找朋友玩耍的时间，浪费了我们学习和自我提升的时间。

所以，当我们买一件东西时，一定要思考一下再做决定：我们究竟是为自己的喜好买单，还是一时被物欲冲昏了头脑。

另外，房间里的东西堆得过多，会缩小我们的活动空间，让人产生局促感。所以，我们可以在空闲时间，将我们不喜欢的、破损的、使用不便利的物品整理出来，根据情况进行处理，比如送人或者去网上二手交易市场卖掉。

爸爸妈妈不让我养宠物怎么办？

妈，我想养猫。我看同学家的猫咪好可爱呀！

那多看看同学家的猫就行了。

你就让我养一只吧。

买回来了是你养吗，最后还不是我来照顾！

可我真的很喜欢呀！

喜欢也不行！

朱雀姐姐：

我好喜欢小猫咪，特别想养一只，可我妈妈不让我养，我该怎么办呢？

如果想养宠物，就要了解养它们需要具备的条件：

1. 时间。

2. 精力。

3. 金钱。

4. 对宠物的责任心。

5. 征得其他家庭成员的同意。

6. ______________________________

你认为养宠物还需要具备什么条件呢？可以补充在上面的横线上。

时间

关于时间，我们需要思考以下问题：

1. 我们现在有时间照顾它吗？

2. 如果有时间，如何平衡学习和照顾宠物二者之间的关系，不让家人担忧我们会因为养宠物而耽误学习。

3. 如果我们没有时间，父母有时间帮忙照顾宠物吗？

▪ 精力

关于精力，我们需要思考以下问题：

1. 如果是需要遛的宠物，我们愿意每天早起半小时去遛它吗？

2. 如果是有毛的宠物，我们愿意去打扫它在家里掉落的毛吗？

3. 我们愿意每天打扫它的厕所吗？

4. 如果我们不愿意做上述事情，家人是否愿意帮忙，是否有精力去做这些事情呢？

▪ 金钱

关于金钱，我们需要思考以下问题：

1. 按照中等消费水平去饲养宠物，每个月大约需要花费多少钱？

2. 这笔养宠物的费用对父母来说是不是有经济压力呢？

▪ 对宠物的责任心

关于对宠物的责任心，我们需要思考以下问题：

1. 我们是否能对它不离不弃呢？

2. 我们是否能给它提供一个安全的住所呢？

3. 我们是否能在它生病时及时发现，并好好照顾它呢？

▪ 家庭成员的意愿

关于家庭成员方面，我们需要思考以下问题：

1. 同住的家人是否有人对宠物过敏？

2. 我们的成绩下降，父母会不会迁怒于宠物呢？

3. 如果家人不同意，我们即便养了宠物，会不会在需要家人帮助时，他们不愿意为它付出呢？

4. 如果家人中途反对养宠物，面对压力，我们会抛弃它吗？

▪ 如何与父母沟通养宠物这件事

上面的问题经过深思熟虑后，如果我们依然决定养宠物，可以根据父母不让我们养宠物的原因去和他们沟通。比如，他们认为没有精力给猫咪铲屎或清扫猫咪掉落的毛发，我们可以这样说："我每天放学后都会打扫，算在我娱乐放松的时间内，并且一定不会影响到我的学习。"

当然，我们说这些话的前提是我们真的愿意承担这个责任，并且要说到做到。如果不能承担责任，建议还是不要养宠物。一定要记住：养它，就要对它负责。

如果父母不是很喜欢宠物，尽量不要强求，我们可以等以后独立生活了，能够对宠物负责再养。因为有很多孩子闹着要养宠物，养了之后却不会照顾，导致没过多久宠物就死掉了，或者被家长送人。

小宠物如果有这样的结局，是不是很可怜？人不喜欢被抛弃，宠物被抛弃也会很伤心。另外，如果是我们捡到的小动物，父母不愿意养，与其让它生活在一个不受欢迎的环境里，不如尽力帮它找一个能给它爱、能给它一个家的主人。

爸爸妈妈不给我买那双球鞋怎么办？

爸，给我买这双鞋吧！我们班好多人都买了！

不买。

爸，我求你了！我真的好想要！

不买。

爸！就一双鞋！你别这么小气！

朱雀姐姐：

我看上了一双特别帅气的球鞋，我超级想要。我央求了爸妈很久，可他们就是不给我买。我该怎么办呢？

父母为什么不愿意给你买那双球鞋呢？看看下面这些原因是否与你的情况相符合：

1. 你已经有很多球鞋。

2. 球鞋的价格超过了父母的经济承受能力。

3. 父母不希望你过于注重外在价值。

4. ______________________________

你认为还可能是什么原因呢？可以补充在上面的横线上。

▪ 作为生日礼物

如果正好临近我们的生日，我们可以和爸妈沟通，将喜欢的球鞋作为生日礼物送给我们。比如，我们可以这样和父母说：“如果可以的话，希望爸爸妈妈把那双球鞋作为生日礼物送给我。不过，如果你们很为难也没关系，我可以理解。”

▪ 理解父母不能满足我们所有的愿望

人生无法事事如意，这是常态。父母无法满足我们所有的愿望也是很正常的事情，尤其是如果我们已经有很多球鞋，就表明它不是我们的生活必需品，就更应该控制自己的欲望，不要强迫父母满足我们的要求。如果我们真的很喜欢收集球鞋，可以等工作后，用自己赚的钱去收集，那样才更有意义！

▪ 不要让物质成为我们的枷锁

膨胀的物欲会让人处于不满足的状态，不满足就会想“买买买”。可无论怎么买，也没办法得到真正的平和与满足，反而会越来越觉得缺东少西。于是，我们可能会戴着物欲的枷锁，掉进消费主义的陷阱。

追求美好的物质生活本没有错，但不要用物质来定义自己的价值。低头看看自己，比穿在身上的衣服更有价值的，是穿在衣服里面的那个你。

生活费不够怎么办？

妈，我生活费不够了。

怎么会不够呢？

上周我朋友过生日，我送了他一个小礼物。

不要总是乱花钱。

可是其他朋友都送了，就我一个人不送也不太好吧！

你呀，每个月都有新理由说生活费不够。

朱雀姐姐：

我也不知道为什么，家里每个月给的生活费总是不够用。每次和妈妈说生活费不够时，总要被她唠叨。妈妈说我乱花钱，可我觉得自己也没乱买过什么呀！我该怎么办呢？

▪ 特殊情况提前报备

如果有一些额外的开销，比如要和朋友聚餐、需要买参考书、需要买一些生活用品等，此类可能会造成我们生活费用紧张的情况，要尽量提前告知父母，并征得他们的同意。这样当我们的生活费超标时，他们通常就比较容易理解了。也可以避免等到不够用时再告知父母，他们可能会不高兴，认为我们乱花钱。

▪ 合理分配生活费

很多住校生会出现这种情况：刚返校时大吃大喝，快回家时到处蹭吃蹭喝。如果我们也有这样的情况，就需要提升财务管理能力，合理地分配生活费。比如，每天花销多少，准备多少备用金以应对意外情况产生的财务支出，准备多少钱作为固定储蓄，对花销记账，等等。

学会财务管理非常重要，尤其在进入社会后，是否有财务管理的能力，很大程度上影响着你是否能够做到经济独立。所以，从现在开始培养自己的财务管理能力，是对自己未来成长的一种规划。

▪ 理由充足，可以向父母提出涨生活费的需求

根据我们的记账情况，如果支出合理，但生活费的确不够，提出涨生活费属于合理要求，可以告诉父母。我们可以将记账本拿给父母过目，这样会更有说服力。

在家庭经济承受范围内，父母会合理规划我们的生活费，他们给的生活费用额度也必定是他们经过核算之后的结果。他们不随意给我们提高额度，往往是因为担心我们乱花钱，希望我们能够对生活费有合理安排。

所以，当他们看到我们对生活费的确有合理安排，并不是因为乱买东西而不够用时，也一定会根据具体情况调整我们的生活费。但要记住，你的生活费都是父母辛勤劳动挣来的，要养成勤俭节约的好习惯，不浪费每一分钱，这也是对爸爸妈妈的爱！